PARTAGE

DES

HONORAIRES ENTRE NOTAIRES

DROIT ABSOLU DU DÉPOSITAIRE DE LA MINUTE
A LA TOTALITÉ DES HONORAIRES.

PARTAGE PUREMENT FACULTATIF DES HONORAIRES
AVEC LE NOTAIRE EN SECOND.

(Extrait du JOURNAL DU NOTARIAT.)
Numéros des 7 et 10 février 1872.

PARIS

ADMINISTRATION DU JOURNAL DES NOTAIRES ET DES AVOCATS
ET DU RECUEIL GÉNÉRAL DES LOIS
52, RUE DES SAINT-PÈRES, 52.

1876

PARTAGE

DES

HONORAIRES ENTRE NOTAIRES

DROIT ABSOLU DU DÉPOSITAIRE DE LA MINUTE A LA TOTALITÉ DES HONORAIRES.

PARTAGE PUREMENT FACULTATIF DES HONORAIRES AVEC LE NOTAIRE EN SECOND.

(Extrait du Journal du Notariat.)

Numéros des 7 et 10 Février 1872.

Partage des honoraires entre Notaires. — Droit absolu du dépositaire de la minute à la totalité des honoraires. — Partage purement facultatif des honoraires avec le Notaire en second.

Lorsqu'un notaire concourt, comme assistant l'une des parties, à la formation d'une convention et à la rédaction de l'acte qui la constate, sans pouvoir cependant figurer en qualité de notaire à la passation de cet acte, parce qu'elle a lieu en dehors de son ressort, il ne peut pas, en droit strict, prétendre au partage des honoraires. Il est certainement fondé à réclamer de son client une rémunération à raison de ses conseils et de son assistance ; mais les honoraires attachés à l'acte appartiennent tout entiers au notaire qui l'a reçu. Ces honoraires, en effet, ne sauraient résulter que de l'exercice des fonctions notariales, et un notaire ne peut remplir, en dehors de son ressort, aucun acte de ses fonctions.

Ainsi, par exemple, quand un notaire dont la résidence est dans une ville où siége le Tribunal de première instance, se transporte dans celle où siége la Cour d'appel pour assister une partie à un acte passé par un notaire de cette ville, nul doute qu'il ne pourra pas exiger une partie des honoraires auxquels l'acte donne lieu.

Mais supposons l'hypothèse inverse, c'est-à-dire le cas dans lequel le notaire de la ville où siége la Cour d'appel se transporte dans le chef-lieu d'un des arrondissements de son ressort, pour concourir avec un notaire de cette dernière ville à la passation d'un acte. Le notaire de la Cour d'appel ne se borne pas alors à donner des conseils et à coopérer à rédaction de l'acte ; il instrumente, concurremment avec l'autre notaire, et accomplit, par suite, un acte des fonctions notariales. A qui appartiendront, légalement et abstraction faite de tout usage et de toute disposition réglementaire, les honoraires de l'acte? Devront-ils être partagés entre les deux notaires, ou bien être attribués exclusivement à l'un d'eux?

Nous pensons que ces honoraires doivent être perçus entièrement par celui des deux notaires qui reste dépositaire de la minute. C'est ce que nous allons démontrer.

Mais, avant d'entrer dans l'examen de cette question, limitons bien l'ordre d'idées dans lequel nous allons nous placer et précisons la difficulté telle que nous la comprenons. Ce sera, ainsi que nous l'avons déjà dit, au seul point de vue de la stricte légalité et du droit rigoureux que nous rechercherons à qui appartiennent les honoraires de l'acte reçu dans les circonssances qui viennent d'être indiquées. Nous n'aurons pas à nous demander quelle serait la solution que les rapports de bonne confraternité, ainsi que l'intérêt des notaires et des parties, pourraient exiger. C'est un point de droit que nous discuterons, en laissant de côté les questions de procédés et de bons rapports entre notaires. S'il fallait entrer dans ce dernier ordre de considérations, nous inclinerions vers un large système de réciprocité qui, dans les deux hypothèses que nous avons prévues et dans tous les cas analogues, admettrait au partage des honoraires d'un acte sans distinction de ressort les notaires qui ont collaboré pour arriver à sa réalisation (1). Mais nous supposerons que ce système de réciprocité n'a point été établi, qu'il n'existe pas d'usage ou de dispositions réglementaires obligeant, au moins moralement, chaque notaire à consentir à un partage qu'il pourrait réclamer à son tour dans les mêmes circonstances, et que les notaires, par suite, sont entièrement libres de se prévaloir de leur droit. Rechercher quel est ce droit, tel sera l'unique objet de cette étude.

La question que soulève l'attribution des honoraires dans l'espèce que nous avons indiquée, à titre d'exemple, celle où un

---

(1) C'est dans cet esprit qu'est conçu le projet de réglement proposé en 1843 par le *Comité des notaires du département* (art. 43, 57 et 58), rapporté dans le premier volume de la réimpression des travaux du comité, p. 175.

notaire d'une ville qui est le siége d'une Cour d'appel concourt à la passation d'un acte avec le notaire d'une ville où siége un Tribunal d'arrondissement, cette question, disons-nous, se pose dans les mêmes termes et se résout par l'application des mêmes principes, toutes les fois que deux notaires, quel que soit, du reste, leur compétence réciproque, mais se trouvant tous deux dans leur ressort, procèdent ensemble à la réception d'un acte. Tous les notaires, qu'ils soient de 1re ou de 3e classe, ont, dans l'étendue de leur ressort, des pouvoirs égaux, et il faut, dès lors, se demander à qui appartiennent, en thèse générale, les honoraires d'un acte, lorsque deux notaires assistant chacun une partie à cet acte, concourent à sa réalisation. C'est, avons-nous dit, au notaire détenteur de la minute ou notaire, en premier, et voici les raisons qui nous ont conduit à adopter cette solution.

Lorsque le législateur a été appelé à réglementer le mode de rémunération des actes du ministère des notaires, il avait, au point de vue qui nous occupe, à choisir entre deux systèmes.

Le premier consistait à ne tenir aucun compte, soit pour fixer les honoraires dus aux notaires, soit pour régler l'exercice de l'action en paiement de ces honoraires, de l'éventualité du concours des deux notaires à la passation d'un même acte. Partant de ce principe que les actes pouvaient être reçus sans l'assistance d'un notaire en second, il fallait alors déterminer le taux des honoraires en vue de la rétribution d'un notaire unique, et ne considérer comme y ayant droit qu'un seul notaire, qui devait être nécessairement le détenteur de la minute. Dans cet ordre d'idées, il n'y avait pas à parler du partage des honoraires qui ne pouvait être qu'une faculté, et qui ne devait devenir obligatoire qu'en vertu d'une convention, qui serait la loi des parties.

Dans l'autre système, au contraire, on aurait prévu pour la fixation des honoraires des notaires les deux hypothèses de la réception des actes par un notaire et deux témoins ou par deux notaires ; et, dans ce dernier cas, il y avait lieu, soit de déterminer la part de chacun des notaires dans ces honoraires, soit, du moins, de remettre à une autorité quelconque le pouvoir de faire cette répartition. Il eût également fallu tenir compte, au point de vue du recouvrement des honoraires, des droits appartenant aux deux notaires.

Or, il nous paraît évident que c'est le premier de ses systèmes qui a été adopté.

Aucune disposition de la loi, en effet, n'a prévu le partage entre plusieurs notaires des honoraires auxquels un acte peut donner lieu ; la loi du 25 ventôse an XI, les tarifs, sont muets à cet égard, et il importe de remarquer que l'ordonnance du 4 janvier 1843 qui, dans son art. 2, énumère les difficultés dont les chambres de discipline ont à connaître, soit pour les concilier, soit pour émettre des avis, ne parle pas de celles qui pourraient résulter des partages d'honoraires. Si ces partages pouvaient cependant être revendiqués comme un droit et devaient, par suite, donner lieu à des actions judiciaires, il y aurait là une source féconde de ces contestations entre notaires qui appellent l'intervention des chambres.

Ce silence est déjà significatif et suffirait pour faire supposer que, dans la pensée des organisateurs du notariat et du système de rémunération des actes notariés, l'action en paiment des honoraires ne devait s'exercer que contre les parties aux actes ; que si une rémunération pouvait être due à plusieurs notaires, à raison du même acte, chacun d'eux devait avoir une action directe contre les parties, sans pouvoir intenter une sorte de recours contre ses confrères, afin de se faire attribuer une portion des honoraires alloués à ceux-ci pour cet acte.

Mais ce n'est pas seulement le silence de la loi qu'on pourrait invoquer pour soutenir que le droit au partage des honoraires d'un acte n'existe pas ; il résulte, de l'ensemble de la législation du notariat, des dispositions qui ont trait à la créance des honoraires, que l'honoraire est attribué à uu notaire unique, qui est le notaire détenteur de la minute ou le notaire en premier.

Aux termes de l'art. 9 de la loi du 25 ventôse an XI, « les » actes seront reçus par deux notaires ou par un notaire assisté » de deux témoins. » Lorsque le Code civil a indiqué les conditions de validité, en la forme, de certains actes du ministère des notaires, il a toujours admis que deux témoins pourraient remplacer un des notaires (art. 154 et 971). La loi du 21 juin 1843 est conçue dans le même esprit, l'assistance de deux témoins équivaut toujours à celle d'un notaire en second.

Dès l'instant qu'il en est ainsi, que les actes peuvent être reçus par un seul notaire, et que le deuxième notaire peut être remplacé par deux témoins qui n'ont droit à aucune rétribution, on doit en conclure que, toutes les fois que les honoraires ont été fixés par un tarif, ils l'ont été en vue de la rémunération d'un notaire unique. Quant aux honoraires qui ne sont pas déterminés par des tarifs et auxquels s'applique l'art. 173 du décret du 16 février 1807, ont sait qu'ils sont ordinairement identiques, soit que l'acte ait été reçu par un notaire et deux témoins, soit qu'il l'ait été par deux notaires, et que, par suite, on doit également les considérer comme la rémunération d'un seul notaire.

Si maintenant on se réfère aux dispositions légales qui s'occupent du recouvrement des honoraires des notaires, on voit que la créance des honoraires est considérée comme appartenant exclusivement au notaire détenteur de la minute. C'est ce qui résulte de l'art. 851 du Code de procédure civile, d'après lequel « si les frais et déboursés de la minute de l'acte sont dus au dépositaire, il pourra refuser l'expédition tant qu'il ne sera pas payé desdits frais, outre ceux d'expédition. »

C'est ce que l'on doit également induire de l'article 39 de la loi du 25 ventôse an XI, dont la première partie est ainsi conçue : « Le titulaire ou ses héritiers, et le notaire qui recevra les minutes, aux termes des articles 54, 55 et 56, traiteront de gré à gré des recouvrements, à raison des actes dont les honoraires sont encore dus et du bénéfice des expéditions. » Si, en effet, le notaire détenteur de la minute est le maître, sans avoir à se concerter avec le notaire en second, d'user ou de ne pas user du droit accordé par l'article 851, si on lui reconnaît ainsi un pouvoir qui équivaudra parfois à celui de disposer de la créance des frais de l'acte, si enfin les recouvrements doivent suivre le sort des minutes c'est que le notaire détenteur de la minute est le seul qui ait été regardé comme le créancier des honoraires légaux de l'acte et de la totalité de ces honoraires.

N'est-ce pas, d'ailleurs, le notaire détenteur de la minute, le notaire en premier, qui est le véritable notaire instrumentant, qui a le droit d'admettre ou de refuser le concours d'un autre notaire, de décider s'il se fera assister d'un second notaire ou de témoins; n'est-ce pas lui qui rédige l'acte, sauf à en discuter les clauses avec les conseils des parties, qui remplit les formalités exigées par la loi, telles que celles de l'enregistrement, de la transcription, etc.; n'est-ce pas également lui qui exerce l'action en paiement des honoraires, et n'est-ce pas contre lui que sont dirigées celles qui peuvent être intentées à raison, soit de l'enregistrement des actes, soit des contraventions qu'ils contiennent; n'est-ce pas, enfin, sur le notaire en premier que pèse exclusivement la responsabilité si grave de la conservation de la minute?

Quant au notaire en second, il ne doit être considéré, au point de vue de la réception de l'acte, que comme un témoin instrumentaire. Nous reviendrons, du reste, tout à l'heure sur ce point.

Si, en principe, l'honoraire dû à raison des actes notariés est la rémunération du travail d'un seul notaire, et si, par suite, le notaire qui procède sans l'assistance d'un deuxième notaire a droit à la totalité de cet honoraire, il serait illogique et en même temps injuste que la rétribution qui lui est due fût réduite de moitié, parce qu'une des parties a cru devoir appeler un autre notaire, qui représentera ses intérêts et qui figurera à l'acte comme notaire en second.

C'est ce qu'ont parfaitement démontré MM. de Vatimesnil, Gaudry, Paillet et Pardessus, dans une consultation délibérée en 1845 sur la question même que nous discutons.

« Les honoraires, disent-ils, sont le prix du travail. Or, la présence d'un second notaire à la passation d'un acte ne diminue en rien le travail du notaire dépositaire de la minute; elle y ajouterait plutôt, puisque l'intervention de ce second notaire peut donner lieu à des discussions et à des explications. Il serait donc injuste que les honoraires du notaire dépositaire de la minute subissent une réduction en faveur de son confrère.

» Pour rendre cette vérité plus sensible, prenons un exemple: supposons qu'il s'agisse d'une vente susceptible, à raison du chiffre auquel s'élève le prix, de donner lieu à 200 fr. d'honoraires. L'acquéreur choisit un notaire. Si ce notaire procède seul à la réception de l'acte, il touche les 200 fr. d'honoraires. Que la minute du contrat soit signée par des témoins ou par un notaire en second, il n'en conserve pas moins cette somme intégralement.

» Maintenant, parce que le vendeur, ne se croyant pas assez expérimenté pour discuter les clauses de l'acte, aura jugé à propos d'amener aussi son notaire, la rémunération du notaire de l'acquéreur devra-t-elle éprouver un retranchement ?

» Non, à notre avis, car un tel retranchement serait contraire à la raison et à l'équité. Pour qu'il pût se justifier, il faudrait que les soins et le travail du notaire de l'acquéreur fusssent diminués par la coopération de celui du vendeur. Or, ils ne le seront aucunement. D'après l'usage constant du Notariat, c'est au notaire de l'acquéreur qu'appartient la minute, et, d'après le même usage, c'est le notaire dépositaire de la minute qui est chargé de la rédaction de l'acte. Sans doute, l'autre notaire présent à la passation du contrat peut en discuter les clauses et indiquer les modifications dont la rédaction est susceptible. Sous ce point de vue, il prend part à la confection de l'acte ; mais ce rôle, dont nous ne contestons pas l'utilité, n'allége en rien le travail du notaire rédacteur ; il y ajoute, au contraire, ainsi que nous l'avons déjà remarqué. Comment donc les honoraires du notaire rédacteur et dépositaire de la minute subiraient-ils une réduction ? Si ce notaire eût été seul, il aurait dépouillé les titres pour établir la propriété ; il aurait conféré avec les parties pour connaître leurs volontés relativement aux conditions de la vente, et enfin, il aurait rédigé le contrat. Voilà en quoi aurait consisté son travail. La présence du notaire du vendeur diminuera-t-elle ce fardeau ? Non, le notaire rédacteur aura exactement les mêmes choses à faire, et, de plus, il faudra qu'il écoute les observations de son confrère et qu'il les débatte, s'il y a lieu. Pourquoi donc ses honoraires seraient-ils moindres dans ce cas que dans l'autre ? Le bons sens repousse un tel système.

» La présence du notaire du vendeur n'ajoute rien à l'authenticité de l'acte. Si ce notaire n'était pas venu, la signature des témoins ou celle d'un notaire en second aurait complété les solennités requises. Avant la loi du 21 juin 1843, des doutes pouvaient s'élever à ce sujet, mais il ne saurait y en avoir maintenant.

» Sur quoi donc se fonderait-on pour décider qu'en droit et en l'absence de toute convention entre les notaires, celui de l'acquéreur doit abandonner à celui du vendeur la moitié des honoraires ? Un tel système ne repose sur aucune base solide.

» De deux choses l'une : ou les 200 fr. d'honoraires ne sont que la juste rémunération du travail du notaire rédacteur, ou 100 fr. suffisent pour rétribuer le travail.

» Dans la première hypothèse, l'intervention du notaire du vendeur ne peut pas empêcher celui de l'acquéreur de recevoir intégralement les 200 fr.

» Dans la seconde, les honoraires du notaire de l'acquéreur, s'il procédait seul à la passation de l'acte, devraient être réduits à 100 fr. »

Cette argumentation nous paraît tout à fait concluante, et nous pensons, en conséquence, que les honoraires des actes sont la rémunération du travail d'un notaire unique, le notaire détenteur de la minute, et que, du moment où celui-ci doit exclusivement en profiter, lorsqu'il a seul participé à la réception d'un acte, il ne serait ni rationnel ni juste de lui en enlever une portion, parce que l'assistance d'un second notaire a été réclamée par une ou plusieurs des parties.

Mais allons plus au fond des choses, rendons-nous bien compte du rôle du notaire en second dans la passation des actes, analysons les divers éléments dont il se compose, et voyons si l'on peut y trouver la base légale d'un droit au partage des honoraires avec le notaire en premier.

La mission du notaire appelé par une partie à figurer, comme notaire en second, à la passation d'un acte, consiste tout à la fois, d'une part, à représenter cette partie ou à l'assister de ses conseils, et, d'autre part, à donner au notaire en premier le concours exigé pour la régularité de cet acte. Déterminons d'abord les droits pouvant résulter, au point de vue de la perception d'honoraires, soit de l'une soit de l'autre de ces missions, en les considérant isolément. Lorsque nous serons fixés à cet égard, il sera facile de se rendre compte des droits du notaire qui remplit les deux rôles à l'occasion du même acte.

Quelle est, en premier lieu, la conséquence de la représentation des parties à un acte, pour leur servir de guide et leur donner des conseils, en l'isolant de l'instrumentation et de l'exercice réel des fonctions notariales ; peut-on en faire découler un droit à la perception d'une partie des honoraires attachés à cet acte ?

Il est certain que les honoraires auxquels les notaires ont droit, en cette qualité, ne résultent que de l'exercice des fonctions notariales, et que le simple rôle de conseil n'autorise pas à venir en concours avec le notaire qui a instrumenté, pour partager avec lui les honoraires que l'acte a rendus exigibles. Si la partie qui se fait assister par un notaire non instrumentant, avait choisi à sa place un avocat ou un avoué, le notaire en premier n'aurait évidemment pas à abandonner à ceux-ci une partie de ses honoraires. Il peut agir de même à l'égard d'un notaire qui se borne à faire ce qu'un avocat ou un avoué pourrait faire comme lui. Ce qui prouve, d'ailleurs, que la seule assistance donnée aux parties, lorsqu'elle n'est pas accompagnée de l'accomplissement des fonctions de notaire, n'autorise pas à prétendre au partage des honoraires, c'est que le notaire qui remplit cette mission en dehors de son ressort n'y a légalement aucun droit (Cassation, Chambre civile, 20 août 1853; Sirey, 53.1.440). Cette assistance doit, sans aucun doute, être rémunérée, mais par la partie qui l'a requise, et elle ne peut donner lieu à aucune réduction des honoraires dus au notaire en premier.

Voyons maintenant si l'accomplissement par le notaire en second des formalités prescrites comme une des conditions de l'authenticité, considéré en faisant abstraction de toute assistance donnée aux parties, justifie le partage des honoraires.

L'assistance de deux témoins équivaut, pour tous les actes, à celle d'un notaire en second, et la présence des témoins est exigée au même moment et sous la même sanction, que la présence du deuxième notaire : il suit de là que le second notaire, en prêtant au notaire en premier le concours nécessaire pour la validité de l'acte, remplit le rôle d'un témoin instrumentaire et fait ce que deux témoins pourraient faire comme lui. C'est un témoin qui en vaut deux.

Ce rôle de témoin instrumentaire, qui est gratuit, et qui ne donne droit à aucune portion des honoraires attachés à l'acte, lorsqu'il est rempli par des témoins proprement dits, est-il rétribué et confère-t-il un droit au partage de ces honoraires dans le cas où un notaire en est chargé ?

Cette question peut se présenter dans trois hypothèses diverses :

1° L'acte est un de ceux pour lesquels la loi du 21 juin 1843 n'exige pas la présence réelle des témoins instrumentaires ou du notaire en second, et celui-ci s'est borné à donner sa signature sans assister à aucune des phases de la passation de cet acte.

Il est à peine besoin de dire que le deuxième notaire n'a pas le droit de réclamer une partie quelconque des honoraires. L'usage du notariat est, d'ailleurs, constant sur ce point.

2° L'acte est un de ceux énumérés dans l'article 2 de la loi du 21 juin 1843, de sorte que le notaire en second n'a pas pu se contenter de le signer après coup, et qu'il a dû assister à sa lecture et à sa signature par les parties.

Dans ce cas encore, la totalité des honoraires appartient au notaire en premier, et si le notaire en second, ce qui serait absolument contraire aux habitudes notariales, exigeait une rémunération, il n'aurait droit qu'à des vacations et ne pourrait prétendre au partage de l'honoraire fixe ou proportionnel auquel l'acte donne lieu.

3° L'acte est un testament, et le notaire en second a, par suite, été obligé d'assister à toutes les phases de sa réception.

Le notaire en premier n'en a pas moins droit à la totalité des honoraires et ne peut être contraint de partager avec le notaire en second l'émolument dont il eût exclusivement profité s'il avait procédé avec l'assistance de témoins. La seule rémunération que le deuxième notaire pourrait exiger consisterait dans des vacations (Rolland de Villargues, v° *Honoraires*, n° 192), qui ne se confondraient pas avec les honoraires dus au notaire en premier, et qui ne seraient pas prélevés sur ces honoraires.

On doit donc reconnaître que le notaire appelé à figurer en second dans un acte notarié, non pas sur la demande des parties et pour les assister, mais sur celle du notaire en premier, et afin de remplir certaines formalités qui sont la condition de l'authenticité, ne saurait prétendre au partage des honoraires avec le notaire en premier ; que s'il peut, dans certains cas, avoir droit à une rémunération, elle ne doit pas consister dans une partie des honoraires que la nature de l'acte autorise le notaire détenteur de la minute à percevoir, mais dans des vacations qui ne sont point prélevées sur les honoraires du notaire en premier, et dont l'attribution ne constitue pas un partage de ces honoraires ; que le notaire en premier doit toucher la totalité de l'émolument attaché à l'acte, comme s'il avait procédé avec l'assistance de témoins au lieu de celle d'un autre notaire.

Il faut, dès lors, admettre que ni l'assistance donnée aux parties par le notaire en second, comme conseil, ni l'accomplissement par celui-ci des formalités exigées pour la validité d'un acte notarié, considérés isolément et lorsque ces deux rôles ne sont pas cumulés pour la réalisation du même acte, ne confèrent aucun droit au partage des honoraires.

En est-il autrement lorsque le notaire en second concourt à l'acte tout à la fois comme conseil et comme notaire accomplissant un acte de ses fonctions ?

Du moment où, ni le fait d'assister des parties comme conseil, ni celui d'accomplir dans la passation d'un acte notarié les formalités qui doivent être remplies par un deuxième notaire ou par deux témoins, ne sauraient suffire par eux-mêmes pour permettre de prétendre à un partage d'honoraires, il semble que ce droit ne résulte pas davantage du cumul de ces deux missions. La signature et l'assistance du notaire en second, ainsi que le rôle de conseil ne changent pas de nature ou d'importance, selon que ce sont deux personnes ou une seule qui en ont été chargées. Le notaire qui figure à un acte comme notaire en second et comme conseil ne peut être admis à revendiquer une part dans des honoraires auxquels, ni le notaire en second, ni le conseil n'auraient eu droit s'ils eussent été des personnes différentes.

Cette vérité est surtout saisissante lorsqu'on se place au point de vue des droits du notaire en premier. Supposons, en effet, qu'un notaire reçoive un acte pour lequel la présence réelle du deuxième notaire ou des témoins n'est pas exigée, et qu'une des parties soit assistée par un avocat ou par un avoué, ou par un notaire qui, se trouvant en dehors de son ressort, ne pourra pas instrumenter ; que ce conseil, avocat, avoué ou notaire, discute avec lui les conditions du contrat et contrôle la rédaction de l'acte, qui est signé après coup par un notaire en second. Il est certain que le notaire en premier percevra la totalité des honoraires dus à raison de cet acte, et qu'il n'aura point à les partager soit avec le conseil, soit avec le notaire en second. Mais supposons que le conseil soit un notaire, qu'il signe l'acte comme notaire en second, le notaire en premier devra, dans le système que nous contestons, partager avec lui le montant des honoraires et n'en touchera plus que la moitié, tandis que, dans la première hypothèse, il en conservait la totalité.

Il nous paraît difficile, qu'on se place au point de vue du droit ou à celui de la raison, de justifier cette différence. Dans l'un et l'autre cas, le notaire a discuté et rédigé l'acte dans des conditions parfaitement identiques, et la circonstance que le conseil a ou n'a pas signé comme notaire en second, n'a rendu ni plus difficile ni plus facile l'étude de l'affaire et la rédaction du contrat. Quant à la formalité de la signature du second notaire, il est indifférent pour le notaire en premier qu'elle soit remplie par un confrère, qui est en même temps conseil des parties, ou par un autre notaire. Pourquoi, dès lors, le notaire détenteur aura-t-il droit à la totalité des honoraires dans la deuxième hypothèse, tandis que dans la première il n'en touchera que la moitié ?

Dira-t-on que c'est parce que le notaire en second partage la responsabilité qui pèse sur le notaire en premier ? Mais la circonstance que les rôles de conseil et de notaire en second ont été remplis par la même personne ou par deux personnes, ne modifie en rien la part de responsabilité qui pèse sur le notaire en premier, et la seule différence qui en résulte, c'est que la responsabilité se divise entre trois personnes, au lieu de se diviser entre deux. Chacune d'elles sera responsable des fautes qu'elle pourra commettre dans l'accomplissement de la mission spéciale dont elle s'est chargée. Le notaire en premier sera responsable des fautes qu'il commettra, soit comme conseil d'une des parties, soit comme notaire instrumentant ; le conseil de l'autre partie supportera également la responsabilité attachée au rôle de conseil ; le notaire en second n'aura que la part bien légère pouvant peser sur un notaire qui se borne à donner sa signature, et la somme de ces deux dernières responsabilités sera égale à celle qui incombait à la personne qui serait en même temps conseil et notaire en second.

De tout ceci, on doit conclure que le notaire appelé par les partiee pour les assister, qui figure en outre à l'acte comme notaire en second, ne saurait puiser dans la nature de la double mission dont il est chargé un droit opposable au notaire en premier, qui aurait pour conséquence de faire réduire de moitié les honoraires dont celui-ci aurait eu la totalité, si l'acte avait été reçu avec l'assistance de deux témoins, ou bien encore si les rôles de conseil et de notaire en second n'avaient pas été remplis par la même personne.

Ajoutons que si l'on admettait que les honoraires des actes doivent être partagés entre le notaire en premier et le notaire en second, il faudrait déterminer la part qui revient à chacun d'eux, et que, faute d'une disposition de la loi sur ce point, on tomberait nécessairement dans l'arbitraire. Devrait-on, conformément à la plupart des règlements notariaux, poser comme règle que le partage se fera par moitié ; faudrait-il, ainsi que le décident plusieurs règlements (1), dire que la part de chaque notaire sera, sinon toujours, du moins dans certains cas, proportionnelle à l'intérêt des parties qu'il représente ; n'y aurait-il pas lieu de reconnaître, ce qui serait du reste une cause de perpétuelles contestations, que les parts du notaire en premier et du notaire en second seraient fixées dans chaque affaire, à raison des difficultés et de l'étendue de leur travail respectif? L'incertitude et l'arbitraire qui résulteraient du silence de la loi et des tarifs, sont une preuve de plus que si les honoraires des actes devaient être répartis entre les deux notaires qui y ont concouru, les conditions de cette répartition eussent été réglées par une disposition législative.

Ce n'est pas seulement notre opinion personnelle que nous

---

(1) Voir notamment les règlements des notaires de Louhans, de Vouziers, de Charleville, de Chaumont, du Havre, de Saint-Quentin, de Sédan.

avons exprimée ; la théorie de droit qui vient d'être posée a été présentée avec une grande force de logique et d'argumentation dans la consultation de MM. de Vatimesnil, Gaudry, Paillet et Pardessus, déjà cités, dans une autre consultation délibérée en 1856, par MM. Hébert et Rigaud, par le *Journal des Notaires*, art. 16748, dans un mémoire présenté à la Chambre des notaires de Versailles, en 1855, par M. Girardin, notaire à Versailles ; et enfin dans le rapport fait par M. Ménager, notaire à Sèvres, sur les propositions contenues dans ce mémoire. Nous avons puisé dans ces consultations, ces mémoires et ce rapport, tous les arguments que nous avons invoqués.

Un jugement du Tribunal d'Aubusson, du 21 août 1822, a rejeté la demande d'un notaire en paiement des honoraires d'un contrat de mariage, par le motif qu'il ne figure dans le contrat de mariage que comme second notaire remplaçant les témoins ; que les émoluments de ce contrat appartiennent au sieur G..., notaire dépositaire de la minute en forme. C'est là précisément l'application de la doctrine que nous avons formulée.

Ce jugement, à la vérité, a été cassé, mais non pas pour s'être basé sur une théorie de droit erronée ; c'est uniquement parce qu'il avait commis une erreur de fait dont la preuve à pu légalement avoir lieu devant la Cour de cassation, en disant que le notaire dont il s'agissait n'avait figuré au contrat de mariage que comme notaire en second. La Cour déclare « qu'il est constant que cet acte avait également été reçu par L..., qui l'avait en dépôt dans son étude, et qui représentait une des deux minutes qui avaient été faites. » (Arrêt du 19 avril 1825, Ch. civ., Sirey, Coll. nouvelles 1826, p. 322.) On est fondé à déduire de cet arrêt que la demande du notaire eût dû être repoussée, s'il n'avait figuré à l'acte que comme notaire en second et n'avait pas été détenteur d'une des deux minutes, puisque c'est uniquement la constatation de l'existence de la seconde minute qui sert de base à la décision de la Cour. Aussi, dans cette affaire, bien que le jugement du Tribunal d'Aubusson ait été cassé, l'arrêt aussi bien que le jugement concordent en faveur de la thèse que nous soutenons.

Il est à peine besoin de dire qu'on ne pourrait nous opposer la doctrine de l'arrêt de la Chambre civile de la Cour de cassation, du 28 avril 1853 déjà cité, qui a décidé qu'un notaire n'avait pas eu le droit de réclamer le partage des honoraires d'un acte auquel il était intervenu comme conseil des parties et sur leur demande, parce que cet acte avait été passé en dehors de son ressort. Ce serait raisonner d'une manière entièrement fausse que de dire qu'il résulte de l'arrêt que la Cour de cassation a pensé que la demande eût été fondée si la passation de l'acte avait eu lieu dans le ressort du notaire qui l'avait formée. Du moment, en effet, où il existait une raison péremptoire de repousser la demande de partage d'honoraires, tirée de la règle du ressort, la Cour n'avait pas à dire que, d'ailleurs, le partage ne constituait pas un droit, alors surtout que ce dernier motif eût répondu moins complètement que l'autre à l'argument puisé dans l'existence d'une disposition réglementaire prescrivant le partage des honoraires dans le cas dont il s'agissait.

Ce serait, du reste, une erreur si l'on croyait que tous les règlements notariaux admettent le partage des honoraires entre le notaire en premier et le notaire en second. Il en est, au contraire, un certain nombre qui attribuent au notaire détenteur de la minute la totalité des honoraires. M. Girardin, dans le mémoire dont nous avons parlé, cite en ce sens les règlements des notaires de Rouen et de Strasbourg, auxquels on doit ajouter ceux de Macon, de Saintes, de Baugé, d'Evreux, des Andelys, etc. Il est évident que, dans la pensée de ces Compagnies, le partage ne constitue pas un droit, puisqu'elles ne l'ont point admis, et qu'elles n'auraient pas eu le pouvoir de déroger à la loi par des dispositions réglementaires.

La Cour d'appel de Dijon n'a pas non plus considéré le partage des honoraires entre deux notaires participant au même acte comme un droit, puisqu'elle a cru nécessaire, dans un projet de tarif des actes notariés préparé par elle, en 1862, d'y insérer une disposition prescrivant ce partage (1).

Nous ne prolongerons pas davantage cette discussion. Mais,

---

(1) L'article 1er des *Dispositions générales* de ce projet contient la disposition suivante : « Lorsque deux notaires sont appelés par les parties à concourir à la préparation et à la rédaction du même acte, l'émolument se partage entre eux. »

en la terminant, nous voulons redire encore que nous sommes bien loin de désapprouver le partage des honoraires des actes entre le notaire en premier et le notaire en second. Ce partage, en laissant même de côté les conséquences utiles qu'il peut produire pour le notariat, est tout à l'avantage des parties, auxquelles il permet de se faire représenter par un second notaire, sans que cette intervention augmente les frais de l'acte. Mais en même temps, nous croyons fermement que le notaire en second n'a pas le droit d'exiger un partage qui ne peut devenir obligatoire qu'en vertu d'une convention expresse ou tacite.

ALPHONSE LEFEBVRE,

Avocat au Conseil d'État et à la Cour de cassation.

Paris.—Imprimerie de E. Brière, 257, rue Saint-Honoré.

Paris.—Typogr. E. Brière, 257, rue Saint-Honoré.

www.ingramcontent.com/pod-product-compliance
Lightning Source LLC
LaVergne TN
LVHW010018230826
846092LV00002B/880